Cuaderno de trabajo del cliente

INTRODUCCION A LA TERAPIA DE PAREJA

El propósito de esta introducción es darle una idea en torno a qué es la terapia o el counseling matrimonial para que sepa lo que puede esperar y esté mejor preparado para participar. Los fines de la terapia matrimonial son mejorar la calidad de la comunicación e interacción de una pareja, para reforzar su habilidad para solucionar los problemas familiares, y ayudarles a que su relación sea más plena y feliz. Estas metas se llevan a cabo por medio de un proceso de aprendizaje facilitado por el terapeuta o consejero, que actúa como guía.

El amor y el compromiso entre los cónyuges es importante; sin ellos pocas parejas comenzarían una terapia matrimonial para trabajar en la mejora de su relación. Pero el amor no es una palabra simple ni un concepto abstracto; amar consiste en un intercambio de palabras y actos placenteros entre dos personas, continuado durante un largo período de tiempo. Amar también incluye complacencia para transigir las diferencias en la solución de problemas y tolerancia de las debilidades e idiosincrasias de la otra persona. El amor no dura mucho cuando el desquite y la hostilidad surgen en el vivir diario juntos. Un matrimonio puede tener éxito sólo si ambos miembros se enganchan consistentemente en acciones y expresan frases que hacen que el otro se sienta amado y apreciado. Cada miembro de una pareja tiene necesidades de afecto, sexo, compañía, comunicación, aprobación y reconocimiento. Cada cónyuge puede contribuir al funcionamiento de la unidad matrimonial y familiar en las áreas de economía, administración y tareas domésticas, actividades de tiempo libre, educación de los hijos y transporte. La satisfacción y la felicidad de un matrimonio crecen con la mezcla e intercambio de la contribución de cada miembro a estas necesidades y funciones. Esto no significa que una persona tenga que abandonar su propia identidad y dedicar su vida a gratificar a su compañero; sino que significa que un matrimonio con éxito está basado en un *mutuo intercambio* de amor y respeto.

Cuando una pareja sufre dificultades matrimoniales, nosotros no asumimos que una persona es la causa del problema. No intentamos buscar la responsabilidad de nadie, sino que, por el contrario, nos centramos en la relación y en qué puede hacerse para incrementar el intercambio de amor y respeto entre los miembros, mejorando sus habilidades de solución de problemas y disminuyendo las tendencias a herirse y rechazarse el uno al otro.

Contrariamente a la creencia popular, los matrimonios no se hacen en el cielo, ni en Hollywood. Ni el amor es una cosa de suerte que ocurre una vez, un destino de la naturaleza o algún misterioso poder. El amor es lo que nosotros hacemos y decimos para que otro quiera estar a nuestro lado, y lo que ellos hacen y dicen que nos hace querer estar cercano a ellos. ¡Ya que el amor y la felicidad marital derivan de las interacciones persona-persona, sus ingredientes se pueden enseñar, practicar y aprender!

El objetivo concreto del counseling matrimonial es ayudarle a que aprenda nuevas habilidades de comunicación y técnicas de solución de problemas que puedan mejorar su intercambio de acciones y palabras cariñosas. Esperamos que aprenderá a especificar sus agrados y desagrados, expresar sus sentimientos a su cónyuge, reconocer y «reforzar» aquellas conductas de su pareja que encuentre agradables, y enfrentarse con sus conflictos y diferencias de formas mutuamente más satisfactorias. Si está dispuesto a aprender estas habilidades, encontrará que su relación llegará a ser más recompensante, más rica y mucho más profunda. Las habilidades de comunicación y de solución de problemas que hacen que una relación de pareja tenga más éxito se pueden aprender en reuniones de la pareja con el terapeuta o con varias parejas que realizan juntas la terapia en grupo. Pero, de cualquier forma, se espera mucho de cada miembro: cada persona debe estar dispuesta a ser honesta sobre lo que está bloqueando una relación efectiva y a practicar conductas que harán posible el desarrollo de la relación. Cuando el terapeuta prescribe ciertas tareas y ejercicios, es muy parecido a cuando un médico prescribe una medicina: solamente si se sigue la prescripción se obtendrán los efectos deseados.

Algunos ejercicios se hacen en la consulta bajo la guía directa del terapeuta, pero es mucho más importante que se repitan en el ambiente personal del hogar si han de tener algún efecto posterior. Este trabajo en casa no siempre será fácil, y puede que usted no esté dispuesto a seguir todas o alguna de las tareas que se le asignen. No prometemos que le vayan a gustar todos los ejercicios, pero hemos visto a numerosas parejas enriquecer sus relaciones después de haber practicado fielmente las conductas, y estamos convencidos de que lo mismo les ocurrirá a ustedes. En cierto sentido, obtendrá de la terapia lo que ponga en ella. Como nosotros asumimos que querrá sacar mucho, creemos que hará lo que haga falta para aumentar el intercambio mutuo de respeto y amor entre usted y su pareja.

Hemos dicho que el trabajo para casa no siempre será fácil; esto no es porque las tareas sean difíciles, sino porque en los matrimonios no del todo satisfactorios los miembros tienen que reaprender, o aprender mejor, lo que tienen que hacer cuando están enamorados y así encontrar muchas razones para disfrutar de la compañía del otro.

Uno de los primeros pasos para incrementar la efectividad de la comunicación es que usted y su cónyuge especifiquen sus gustos y disgustos. Para concretar, se requiere hablar directamente y hacer y responder preguntas. Esto a veces es más difícil de lo que parece. Mucha gente tiene una gran dificultad en expresar sus sentimientos claramente. Pero sin ser claro y directo en nuestras comunicaciones, es fácil dar por supuesto las de su compañero, al asumir que usted conoce los pensamientos y sentimientos de su pareja, sin preguntarlos antes. En el mejor de los casos, una falta de claridad lleva a una comunicación inefectiva: desgraciadamente, ésta también conduce al conflicto.

¿Cuáles son algunos de estos ejercicios que les enseñará su terapeuta o consejero para aumentar el respeto y el amor mutuo?

1. *Dramatización:* Durante la dramatización tendrá la oportunidad de ensayar las actuales situaciones problema que tienen lugar en su matrimonio. Esto le dará la oportunidad de practicar nuevas técnicas de comunicación y obtener feedback del terapeuta sobre cómo puede mejorar su ejecución.

2. *Sesión ejecutiva:* Una sesión ejecutiva es una interacción estructurada y planeada en la que los esposos se turnan expresando sus puntos de vista, sin interrupciones, durante un período de tiempo especificado. A cada persona se le da la oportunidad de discutir cualquier tema de su elección. Este ejercicio a veces se dramatiza en la consulta del terapeuta, pero se hará también en casa.

3. *Contrato:* Este ejercicio está diseñado para enseñar a las parejas casadas a negociar la resolución de problemas. Se le pide a cada persona que especifique qué es lo que a él/ella le gustaría en su relación y lo que está dispuesto a hacer u ofrecer a cambio. Entonces se pueden hacer un conjunto de acuerdos que satisfagan las necesidades de ambos miembros.

4. *«Pille a su pareja haciendo o diciendo algo agradable»:* Cada día se le pedirá que especifique qué es lo que ha dicho o hecho su compañero durante el día que fuera placentero para usted. Esto le forzará a pensar en los aspectos positivos de su relación y su cónyuge aprenderá qué puede hacer exactamente para hacerle feliz.

Cualquiera puede beneficiarse de trabajar y practicar en algunas áreas de la comunicación social. Vendedores, ejecutivos, clérigos y artistas, todos entrenan para mejorar su forma de comunicarse con los demás. No es ser hipócrita o falso hablar de aprender a ser más efectivo, más persuasivo o menos pasivo, sino que hay menos probabilidades de obtener resultados negativos y más de conseguir una relación mutuamente satisfactoria. Cuando un estudiante agarra un pincel en una clase de arte, las habilidades que lleva a esa primera lección son sólo las materias primas a mejorar, afilar y refinar. Nadie podrá decir que las habilidades del estudiante son «parte de su personalidad» y de algún modo fijas e incambiables. Puede que el estudiante nunca llegue a ser otro Renoir u otro Picasso, pero sí es cierto que muchas de las habilidades artísticas de la gente pueden mejorarse con la enseñanza.

Del mismo modo, también, nuestra forma de trabajar con los miembros de la pareja puede ayudarles a mejorar en gran medida con el entrenamiento. Podemos aprender —todos nosotros— a ser más efectivos con la gente que nos es cercana y con quien queremos establecer una relación íntima y significativa. Cada uno de nosotros tiene algunas habilidades sociales que pueden ir mejorándose, pero sin feedback e indicaciones de los demás no podemos cambiar, sólo continuar, año tras año, cometiendo los mismos errores. El feedback es una parte importante de la terapia de pareja. Usted recibirá tanto información muy cuidadosa como muy específica sobre su ejecución, por parte del terapeuta, y, finalmente, aprenderán a darse feedback positivo el uno al otro. El feedback es siempre positivo, siempre constructivo, y nunca embarazoso.

De esta forma, las instrucciones y el feedback son esenciales en el proceso de terapia. Dos elementos más son necesarios. El primero es el ensayo. La práctica de conductas nuevas o poco familiares es necesaria si se quiere llegar a ser bueno en ellas. En segundo lugar, una vez que ha aprendido a decir o a hacer una determinada cosa, puede ensayar estas habilidades en casa. De esta forma, paso a paso, será mejor usando habilidades de comunicación, y poco a poco, pero de forma segura, hará de ellas parte de su forma normal de interacción.

No podemos garantizar «satisfacción absoluta o le devolvemos su dinero»; pero podemos expresar, sin vacilación, que hemos visto a muchas parejas seguir estos métodos, realizar fielmente las «tareas para casa» y, claro está, alcanzar una relación más profunda y mucho más satisfactoria. Quizá el regalo más preciado y perdurable que pueden ofrecerse el uno al otro es un compromiso sincero para estas semanas de terapia de pareja. ¡Usted y su cónyuge se lo merecen!

El «Cuaderno de trabajo del cliente» es para uso suyo. Su pareja tendrá uno también. Encontrarán formularios de evaluación, tareas para realizar en casa, ejercicios para las sesiones terapéuticas, y descripciones de términos que se usarán durante la terapia. Rellene los espacios en blanco de estas páginas a medida que progrese. Utilice su cuaderno de trabajo según las indicaciones del terapeuta semana a semana. ¡Buena suerte!

TEST DE AJUSTE MARITAL

Evaluación pretratamiento

Nombre _____   Fecha _____

Instrucciones: Este cuestionario está diseñado para ayudarle a usted y a su terapeuta o consejero a determinar el nivel y fuentes de satisfacción o insatisfacción de su matrimonio. Lo contestará al principio de la terapia y, otra vez, al final. Los cambios, que prometen ser de naturaleza positiva, reflejarán la efectividad del programa de tratamiento, y sus esfuerzos y los de su cónyuge. Es esencial que conteste a los elementos del test con sinceridad: no se hace ningún favor haciendo que su matrimonio sea visto mejor o peor de lo que usted verdaderamente cree que es. Por supuesto, sus actitudes y sentimientos sobre su matrimonio cambian de día en día y de semana en semana. Por eso, conteste teniendo en cuenta sus sentimientos generales *acumulados durante el mes pasado.* -

1. Señale el punto de la escala siguiente que mejor describe el grado de felicidad, considerando todas las circunstancias, de su actual matrimonio. El punto medio «Feliz», representa el grado de felicidad que alcanzan la mayoría de las personas en su matrimonio, y la escala se extiende gradualmente hacia el lado izquierdo para aquellas muy infelices en el matrimonio, y hacia el lado derecho para aquellas que experimentan una extrema alegría en el matrimonio.

| | | | | | | |

Muy infeliz   Feliz   Completamente feliz

Consigne el grado aproximado de acuerdo o desacuerdo entre usted y su pareja en las siguientes situaciones. Por favor, señale la columna apropiada.

	Siempre de acuerdo	Casi siempre de acuerdo	Ocasionalmente en desacuerdo	Frecuentemente en desacuerdo	Casi siempre en desacuerdo	Siempre en desacuerdo
2. Administración de la economía familiar						
3. Temas de recreo						
4. Demostraciones de afecto						
5. Amigos						
6. Relaciones sexuales						
7. Convencionalismos (conducta correcta, buena o apropiada)						
8. Filosofía de la vida						
9. Modo de tratar a la familia política						

10. Cuando surgen desacuerdos, normalente se resuelven:
    a. Cediendo el marido. _____
    b. Cediendo la esposa. _____
    c. Negociando de mutuo acuerdo. _____
11. ¿Cuántas actividades exteriores realizan en común usted y su pareja?
    a. Todas ellas. _____
    b. Algunas de ellas. _____
    c. Muy pocas de ellas. _____
    d. Ninguna de ellas. _____
12. En el tiempo libre, usted generalmente prefiere:
    a. Salir. _____
    b. Quedarse en casa. _____
    Su pareja generalmente prefiere:
    a. Salir. _____
    b. Quedarse en casa. _____
13. ¿Alguna vez ha deseado no haberse casado?
    a. Frecuentemente. _____
    b. De vez en cuando. _____
    c. Raramente. _____
    d. Nunca. _____

14. Si pudiera volver a vivir su vida, piensa que:
    a. Se casaría con la misma persona. _____
    b. Se casaría con una persona diferente. _____
    c. No se casaría nunca. _____
15. ¿Confía en su pareja?
    a. Casi nunca. _____
    b. Raramente. _____
    c. En muchas cosas. _____
    d. En todo. _____

GUIA PARA PLANIFICAR EL TIEMPO LIBRE

   Las actividades de ocio y el uso apropiado del tiempo libre son factores significativos en la felicidad matrimonial. Esta guía es para que usted la utilice para clarificar cuáles son los modelos recreativos en su familia y cómo se pueden mejorar.
   La lista de actividades puede o no incluir las que a usted le interesan. Las actividades que se citan son para estimular su pensamiento para que usted y su pareja puedan desarrollar sus propias listas personales. Su lista deberá incluir las formas en que usted y su pareja están utilizando su tiempo libre ahora y las formas en que le gustaría utilizar este tiempo en el futuro.
   En las primeras cuatro columnas, coloque una cruz para indicar si ésa es una actividad recreativa que usted ha realizado durante los años anteriores solo o con la gente que se cita. En las columnas 5 y 6 indique si desea que esa actividad aumente o disminuya. Si quiere que una determinada actividad cambie, indique —para cada actividad— con quién, dónde, cuándo, con qué frecuencia y por qué, en la Columna 7 de «Comentarios». Por ejemplo, si usted detesta navegar, pero ha estado haciéndolo con su cónyuge, con la familia, y con los amigos, deberá señalarlo en la guía como sigue:

	Solo	Los dos	Como familia	Con amigos	Me gusta-ría que aumentase	Me gusta-ría que dis-minuyese	Comentarios
NAVEGAR		V	V	V		V	Todavía me mareo. No me molestaría ir dos o tres veces al año con otras parejas
	O suponga que le gustaría hacer ganchillo						
GANCHILLO					V		Quiero hacer esto sola y voy a empezar unas clases una vez a la semana
	O ir de camping						
CAMPING					V		Realmente quiero que hagamos esto como familia

Revise su guía con su pareja, después de que los dos la hayan rellenado. Primero, observe si usted percibe la actual participación en las actividades con la familia y los amigos de la misma forma que su cónyuge. Después tome nota de las actividades que cada uno de ustedes ha señalado, más o menos, que quieren cambiar. Si llegan entre ustedes a un acuerdo, ¡empiecen a planearlas! Si existen diferencias en lo que quieren hacer, señale en el margen esas actividades como puntos a comentar en sus próximas sesiones de terapia.

Lleven el cuadernillo relleno a las sesiones de terapia o counseling matrimonial para que el terapeuta pueda ayudarles a analizar la forma en que actualmente están utilizando su tiempo libre y social, y a cómo empezar a hacer los cambios necesarios y deseados. Las áreas de desacuerdo y conflicto representan problemas que necesitan trabajarse durante la terapia de pareja. El terapeuta o consejero tiene métodos para ayudarle a usted y a su cónyuge a solucionar estos problemas y a reducir sus diferencias. Estos métodos incluyen habilidades de comunicación, negociación, compromiso y contrato.

No piense en esta guía como algo definitivo o permanente. Sus actividades de tiempo libre pueden cambiar y aumentar con frecuencia, para que usted y su familia tengan una herramienta para volver a montar objetivos de recreo mutuos y se diviertan más.

GUIA PARA PLANIFICAR EL TIEMPO LIBRE

Señale con (✔) cada columna que se adapte a su utilización actual y deseada del tiempo libre

Actividad (Rellene los cuadros)	La hago solo o con mis amigos (no con mi cónyuge) (1)	La hago con mi cónyuge (2)	Lo hacemos con la familia (3)	Lo hacemos con otras parejas (4)	Me gustaría hacerla o que aumentase (5)	Me gustaría dejarla o que disminuyese (6)	Comentarios (dónde, cuándo, con qué frecuencia, por qué, con quién, bajo qué circunstancias) (7)
Salir a comer							
Salir a cenar							
Ir al cine							
Ir a la bolera							
Ir de paseo							
Esquí acuático							
Natación							
Submarinismo							
Tenis							
Squash							
Damas							
Monopoly							
Bridge							
Ir a bailar (cualquier tipo de baile)							
Ir al teatro							
Ir a un concierto							
Ir a pescar							
Ir de camping							
Asistir a un curso							

GUIA PARA PLANIFICAR EL TIEMPO LIBRE

Actividad (Rellene los cuadros)	La hago solo o con mis amigos (no con mi cónyuge) (1)	La hago con mi cónyuge (2)	Lo hacemos con la familia (3)	Lo hacemos con otras parejas (4)	Me gustaría hacerla o que aumentase (5)	Me gustaría dejarla o que disminuyese (6)	Comentarios (dónde, cuándo, con qué frecuencia, por qué, con quién, bajo qué circunstancias) (7)
Actividades religiosas							
Estar con amigos							
Cuidar un huerto o jardín							
Cocinar							
Charlar							
Pasear							
Navegar							
Leer							
Ver la televisión							
Ir de compras							
Visitar lugares interesantes							
Visitar a los amigos							
Hacer una parrillada							
Ir a una exposición canina							
Motociclismo							
Cerámica							
Tomar el sol							
Ir a un balneario							
Echar una siesta							
Hacer jogging							

Señale con (√) cada columna que se adapte a su utilización actual y deseada del tiempo libre

GUIA PARA PLANIFICAR EL TIEMPO LIBRE

Señale con (√) cada columna que se adapte a su utilización actual y deseada del tiempo libre

Actividad (Rellene los cuadros)	La hago solo o con mis amigos (no con mi cónyuge) (1)	La hago con mi cónyuge (2)	Lo hacemos con la familia (3)	Lo hacemos con otras parejas (4)	Me gustaría hacerla o que aumentase (5)	Me gustaría dejarla o que disminuyese (6)	Comentarios (dónde, cuándo, con qué frecuencia, por qué, con quién, bajo qué circunstancias) (7)
Hacer trucos o juegos							
Voleibol							
Ir a comer al campo							
Otros tipo de salidas familiares							
Visitar a la familia							
Reuniones de cambio de cosas							
Ver películas en casa							
Hacer fotografía							
Ir a exposiciones florales							
Ir al club de							
Decorar la casa							
Coleccionar							
Ping pong							
Realizar trabajos ocasionales en la casa							
Dar una fiesta en casa							
Quedar con los amigos para cenar o visitarles							

GUIA PARA PLANIFICAR EL TIEMPO LIBRE

Señale con (√) cada columna que se adapte a su utilización actual y deseada del tiempo libre

Actividad (Rellene los cuadros)	La hago solo o con mis amigos (no con mi cónyuge) (1)	La hago con mi cónyuge (2)	Lo hacemos con la familia (3)	Lo hacemos con otras parejas (4)	Me gustaría hacerla o que aumentase (5)	Me gustaría dejarla o que disminuyese (6)	Comentarios (dónde, cuándo, con qué frecuencia, por qué, con quién, bajo qué circunstancias) (7)
Hablar sobre la administración familiar							
Hablar sobre acontecimientos personales del día							
Discusiones intelectuales o filosóficas							
Hablar sobre los amigos o la familia							
Discutir problemas familiares o conflictos matrimoniales							
Mantener un intercambio (correspondencia, conversación....)							
Besar o acariciar							
Ocuparse en acariciarse u otros juegos sexuales							
Salir a tomar café, una copa o un helado							
Ir a comprar comida							
Ir a comprar ropa							

GUIA PARA PLANIFICAR EL TIEMPO LIBRE

Actividad (Rellene los cuadros)	La hago solo o con mis amigos (no con mi cónyuge) (1)	La hago con mi cónyuge (2)	Lo hacemos con la familia (3)	Lo hacemos con otras parejas (4)	Me gustaría hacerla o que aumentase (5)	Me gustaría dejarla o que disminuyese (6)	Comentarios (dónde, cuándo, con qué frecuencia, por qué, con quién, bajo qué circunstancias) (7)
	Señale con (√) cada columna que se adapte a su utilización actual y deseada del tiempo libre						
Salir a ver escaparates							
Ir a dar un paseo							
Hacer un viaje de unos días							
Ir errante por la ciudad							
Añada cualquier actividad adicional que haga y que no esté citada. Dé la misma información que en las anteriores							

LISTA DE GRATIFICACIONES

Debido a que los maridos y esposas felizmente casados hacen y dicen cosas positivas, agradables y placenteras el uno al otro mucho más a menudo que las parejas infelices o con problemas en su matrimonio, es vital que usted aumente su conocimiento y su habilidad para intercambiar eventos placenteros con su propio cónyuge. Nosotros llamamos a esto intercambios positivos de GRATIFICACIONES.

Las acciones o manifestaciones concretas a las que usted y su pareja pueden llamar GRATIFICACIONES son ciertamente juicios mucho más individuales. Pero ofrecemos esta lista para hacerles más fácil a cada uno de ustedes el que lleguen a ser más sensibles a las GRATIFICACIONES que ya tienen lugar y a las GRATIFICACIONES que ya están dando. La «Lista de GRATIFICACIONES» incluye numerosos ejemplos de favores, comodidades y expresiones de cariño diarias que usted y su pareja puede que vean o no en el otro, y que encuentren o no placenteras. La lista tiene la intención de ser un rápido «curso de recordatorio» para conseguir que salgan sus GRATIFICACIONES.

Finanzas: administración del dinero

El cónyuge ayuda a planificar el presupuesto.

El cónyuge «has hecho una buena compra» de algo.

El cónyuge mantiene la cuenta en saldo positivo.

El cónyuge ayuda a tomar una decisión sobre una compra.

El cónyuge está de acuerdo en hacer un exceso en algo.

El cónyuge paga los recibos cuando corresponde.

El cónyuge me da dinero para gastarlo como yo quiera.

El cónyuge gana dinero extra.

Administración de la casa: toma de decisiones

El cónyuge maneja adecuadamente una pequeña crisis casera sin que yo tenga que preocuparme de ello.

El cónyuge me consulta acerca de una decisión importante.

El cónyuge hace las reclamaciones necesarias al casero, a las compañías de gas, electricidad, basura, etc.

El cónyuge hace las reparaciones domésticas u ordena que se hagan.

El cónyuge apaga las luces y la calefacción antes de que salgamos.

Comidas y compras

El cónyuge prepara un plato interesante o bueno.

El cónyuge ayuda en la compra.

El cónyuge me prepara la comida para llevar.

El cónyuge se levanta y me hace el desayuno.

El cónyuge prepara un plato o un postre favorito.

El cónyuge ayuda a hacer la comida.

El cónyuge me pregunta si necesito algo del supermercado.

El cónyuge hace recados conmigo o para mí.

El cónyuge tiene preparada la cena a tiempo.

El cónyuge me prepara un aperitivo.

El cónyuge mete las bolsas de la comida en casa.

El cónyuge compra algo especial para mí.

Tareas domésticas y limpieza

El cónyuge saca la basura.

El cónyuge lava los platos.

El cónyuge corta el césped o cuida el jardín.

El cónyuge barre, quita el polvo, o hace otra pequeña limpieza.

El cónyuge arregla la casa.

El cónyuge friega el suelo, limpia las ventanas, o hace otra limpieza casera trabajosa.

El cónyuge limpia el cuarto de baño.

El cónyuge me ayuda a lavar los platos o a otra tarea.

El cónyuge cose mi ropa.

El cónyuge da de comer al perro/gato.

El cónyuge limpia al perro/gato.

El cónyuge contesta al teléfono cuando yo estoy ocupado/a.

El cónyuge pone la ropa sucia en el cesto.

El cónyuge pone el despertador.

El cónyuge quita de en medio los periódicos viejos.

El cónyuge enciende la calefacción por la mañana.

El cónyuge hace la colada.

El cónyuge hace la cama.

El cónyuge corta la madera para la chimenea.

El cónyuge enciende la chimenea.

El cónyuge pone la mesa.

El cónyuge levanta la mesa y retira la comida.

El cónyuge cuelga su ropa en el armario.

Coche y transportes

El cónyuge lava o limpia el coche.

El cónyuge limpia el cenicero del coche.

El cónyuge me recoge a tiempo.

El cónyuge se preocupa de las reparaciones y del mantenimiento necesarios en el coche.

El cónyuge hecha gasolina.

El cónyuge conduce con cuidado en una situación peligrosa.

Utilización del tiempo libre

El cónyuge ayuda a planificar una salida o una reunión social.

El cónyuge invita a los amigos para que nos visiten.

El cónyuge consigue invitaciones para ir a una fiesta.

El cónyuge invita a amigos a cenar.

El cónyuge sugiere algo divertido o interesante para hacer por la noche.

El cónyuge prepara una reunión con mi familia o la de él.

El cónyuge es tolerante con mis amigos.

El cónyuge participa en una actividad recreativa compartida (véase lista).

Cuidado de los hijos

El cónyuge juega con los niños.
El cónyuge lee un cuento a los niños.

El cónyuge lleva a los niños al colegio o a otra parte.

El cónyuge ayuda a preparar a los niños para irse a la cama.

El cónyuge enseña a los niños algo.

El cónyuge responde a alguna pregunta del niño.

El cónyuge da a los niños la responsabilidad de una tarea.

El cónyuge educa a los niños de una manera apropiada.

El cónyuge observa a los niños unos minutos mientras yo estoy ocupado.

El cónyuge ayuda a vestir a los niños.

El cónyuge cambia el pañal del bebé.

El cónyuge baña al niño.

El cónyuge consuela al bebé y hace que deje de llorar.

El cónyuge se levanta por la noche para cuidar al niño.

El cónyuge ayuda a dar de comer a los niños.

El cónyuge ayuda al hijo con los deberes.

El cónyuge tira a la basura el pañal sucio.

El cónyuge se preocupa de buscar una niñera.

El cónyuge ayuda a resolver una pelea entre los niños.

Hábitos personales y arreglo personal

El cónyuge viste con gusto.

El cónyuge se corta el pelo o se lo arregla.

El cónyuge me corta el pelo.

El cónyuge me deja agua caliente para ducharme.

El cónyuge se preocupa de su arreglo personal (se afeita, se baña).

El cónyuge hace un vestido o una camisa atractiva.

El cónyuge se reúne conmigo a tiempo.

El cónyuge me deja dormir.

El cónyuge me prepara un baño.

El cónyuge se preocupa de su correspondencia.

Sexualidad

El cónyuge responde placenteramente a mis acercamientos sexuales.

El cónyuge me dice lo que ha disfrutado haciendo el amor conmigo.

El cónyuge me acaricia.

El cónyuge realiza otras conductas sexuales que a mí me gustan especialmente.

El cónyuge inicia acercamientos sexuales.

Afectividad y cercanía

El cónyuge me abraza y me besa.

El cónyuge me pregunta por mis sentimientos.

El cónyuge me dice que le gusto.

El cónyuge me acaricia de una forma afectiva.

El cónyuge me compra un regalo.

El cónyuge me llama para saber cómo estoy.

El cónyuge me expresa sus sentimientos y pensamientos.

El cónyuge intenta animarme.

El cónyuge me pregunta cómo he pasado el día.

El cónyuge me sonríe o se ríe conmigo.

El cónyuge me dice que se alegra de verme.

El cónyuge me hace cosquillas.

El cónyuge me hace bromas.

El cónyuge se arrima a mí en la cama.

El cónyuge me rasca la espalda.
El cónyuge calienta mis pies fríos.
El cónyuge se va a la cama cuando yo lo hago.
El cónyuge me hace una visita después de desayunar.
El cónyuge me trae a casa algo para leer.
El cónyuge me trae una taza de café o té.
El cónyuge me saluda con cariño cuando vuelvo a casa.
El cónyuge me dice adiós cuando le dejo y/o me desea un buen día.
El cónyuge me da un masaje, o me frota la espalda con una crema.
El cónyuge confía en mí.

Aprobación y aceptación

El cónyuge me expresa su aprobación por algo que he hecho.
El cónyuge está totalmente de acuerdo con algo que he dicho.
El cónyuge me da un cumplido sobre mi apariencia.
El cónyuge se ríe de mis chistes.
El cónyuge es tolerante cuando cometo un error.
El cónyuge accede de buena gana a una petición.
El cónyuge muestra un interés particular en lo que digo, estando de acuerdo o haciendo preguntas relevantes.
El cónyuge me presta atención cuando le pido que me atienda.
El cónyuge me pide mi opinión.
El cónyuge me da un cumplido por algo que he hecho.
El cónyuge responde a mis preguntas con respeto.
El cónyuge me perdona por algo.
El cónyuge me pide disculpas.
El cónyuge me llama para decirme dónde está.
El cónyuge me da las gracias por algo hecho.
El cónyuge me calma hábilmente cuando no atiendo a razones.
El cónyuge escucha comprensivamente mis problemas.
El cónyuge es paciente cuando actúo con enojo.

EJERCICIO DEL DARSE CUENTA DE LA RECIPROCIDAD

Escriba una lista de 10 GRATIFICACIONES (cosas saludables o afectivas que se dicen o hacen entre los cónyuges en un matrimonio) que usted actualmente *recibe de* su pareja y 10 GRATIFICACIONES que actualmente *da* a su pareja.

GRATIFICACIONES *que he recibido:*   GRATIFICACIONES *que he dado:*

1. _____   1. _____

2. _____   2. _____

3. _____   3. _____

4. _____   4. _____

5. _____   5. _____

6. _____   6. _____

7. _____   7. _____

8. _____   8. _____

9. _____   9. _____

10. _____   10 _____

PILLE A SU PAREJA HACIENDO
O DICIENDO ALGO AGRADABLE

Las GRATIFICACIONES que usted da a su pareja expresan sus sentimientos positivos y ayudan a aumentar la probabilidad de que usted reciba acciones y palabras positivas de su pareja. Así es como la reciprocidad y el amor se fortalecen en una relación, a través del mutuo intercambio de GRATIFICACIONES.

Las GRATIFICACIONES se dividen en tres categorías:

1. *Expresiones verbales:* tales como cumplidos, palabras de aprecio o aliento, como por ejemplo «Realmente estás preciosa con ese jersey», o «Debes de estar muy cansado habiendo trabajado tanto», o «De verdad que estás haciendo grandes progresos aprendiendo a esquiar».

2. *Conducta afectiva:* como coger el brazo de su cónyuge cuando están paseando, recibiéndole con un cálido abrazo, o dándole una caricia afectuosa.

3. *Acciones que hacen la vida más fácil o más alegre a su cónyuge:* como intentar que los niños no hagan ruido para que su cónyuge pueda echarse una siesta, traer a casa un regalo, o hacer recados.

En esta tarea, usted tiene que «Pillar a su pareja haciendo o diciendo algo agradable» y anotarlo en el formulario de su cuaderno de trabajo. Es importante dejar que su compañero sepa que usted ha «pillado» una GRATIFICACION mostrándole el formulario o reconociendo que usted ha disfrutado con la GRATIFICACION recibida. Su terapeuta o consejero le dará instrucciones más detalladas sobre esta asignación, pero no es exagerado decir que su éxito con la tarea puede muy bien predecir el futuro de su relación. Llegar a ser más consciente de las GRATIFICACIONES, en lugar de no darles importancia, es un elemento muy importante de los matrimonios satisfechos. Esta asignación es tan importante que será repetida todas las semanas mientras dure la terapia o el counseling. Por lo tanto, encontrará varias hojas de registro en este cuaderno de trabajo, donde apuntará en cada una de ellas las notas de una semana.

No se le está pidiendo que haga algo hipócrita con esta tarea. Si es difícil para usted dar una GRATIFICACION a su cónyuge en un día malo, diga una frase hecha como: «A pesar de nuestros problemas, deseas que trabajemos juntos en terapia», «Aprecio que estés trabajando para mantenernos», «Aprecio mucho que hagas las camas», o «Eres un buen padre», o jardinero, o cocinera.

A continuación se presentan listas de ejemplos de GRATIFICACIONES con las que otras parejas «han pillado» a sus compañeros haciendo o diciendo. Usted puede servirse de ellas, pero debe intentar aguzar sus propias habilidades perceptivas y descubrir las GRATIFICACIONES especiales para su propio matrimonio y para el estilo de su cónyuge.

GRATIFICACIONES para «pillar» a su pareja pueden ser:

1. *Expresiones verbales*

   Me dijiste que estaba maravillosa.
   Alabaste mi aspecto físico.
   Dejaste de hablar oportunamente cuando entraron los invitados.
   Tu sentido del humor llega de sorpresa.
   Me dijiste que te enorgullecías de mí anoche.
   Fuiste simpático y paciente escuchándome contar el problema.

2. *Conducta afectiva*

   Me cogiste de la mano.
   Me sonreíste con cariño.
   Me prestaste total atención durante una hora.
   Iniciaste una relación sexual.
   Me recibiste con un abrazo.
   Me besaste en la nuca.
   Me cojiste por el hombro.
   Me pasaste la mano por detrás mientras veíamos la televisión.
   Me diste un masaje.
   Te arrimaste a mí en la cama.

3. *Acciones que hacen la vida más fácil para usted incluyendo algunas tareas que normalmente recaen sobre usted*

   Me tuviste el coche listo para su uso.
   Me limpiaste la cocina.
   Escribiste a la familia.
   Me hiciste un recado.
   Me preparaste un plato especial.
   Me quitaste los estorbos, limpiando el garage o el ático.
   Me ayudaste a dar el tipo de fiesta que a mí me gusta.
   Trajiste una niñera a casa.
   Me ayudaste con mis tareas.
   Me ayudaste con el trabajo duro.
   Jugaste con los niños para que yo pudiese estar un rato sola.
   Me dejaste elegir el programa de televisión.

Su responsabilidad es:

1. *«Pillar»* al menos una GRATIFICACION diaria de su cónyuge.

2. *Registrar* la GRATIFICACION que se ha dado cuenta que ha recibido de su cónyuge.

3. *Agradecer* a su cónyuge cuando ha sido consciente de haber recibido una GRATIFICACION.

El registro deberá hacerlo en el formulario diario de «Pille a su pareja...», ya que las GRATIFICACIONES son difíciles de recordar días más tarde. Agradézcalas si quiere que continúen.

Lleve su cuaderno de trabajo con las hojas de registro rellenadas con esta tarea a la sesión de terapia o counseling para comentarlas. Incluso si ha hecho parcialmente la tarea, lleve, a pesar de ello, su cuaderno y las hojas, ya que su terapeuta o consejero puede ayudarle a mejorar con el transcurso del tiempo.

Encontrará en esta tarea una herramienta útil para prevenir que no den importancia a las cosas que cada uno hace. Observando las hojas de registro de su cónyuge, descubrirá con más detalle lo que puede hacer para agradarle. La tarea «Pille a su pareja...» también le ayudará a desarrollar su habilidad de que sus propias necesidades sean entendidas por el otro. Con la práctica repetida, se incrementará una comunicación positiva y más satisfactoria entre usted y su pareja.

PILLE A SU PAREJA HACIENDO ALGO AGRADABLE

Nombre _____

Nombre de la pareja _____

Día	Fecha	Conducta placentera
Lunes		
Martes		
Miércoles		
Jueves		
Viernes		
Sábado		
Domingo		

EJERCICIO DEL CONTRATO

El contrato marital es un método para clarificar lo que cada uno de ustedes espera del otro y lo que cada uno desea dar en su matrimonio. Su terapeuta o consejero les guiará a través de un proceso de negociación y compromiso que culminará con un contrato. Un contrato convenientemente desarrollado y mutuamente acordado debe satisfacer algunas de las necesidades no satisfechas que usted y su cónyuge tienen en su matrimonio. Hay cinco principios básicos que debe recordar para trabajar en su contrato:

1. Las discusiones deben ser abiertas y sinceras. Cada uno de ustedes debe ser sincero con lo que quiere y desea dar.
2. Los términos del contrato deben enunciarse de forma simple y clara en términos de conductas.
3. Cada uno de ustedes debe sentir que está ganando algo de valor en la relación.
4. Las acciones y conductas a cambiar acordadas deben ser realmente *posibles* de realizar.
5. Debe usar las habilidades de escucha y de comunicación que ha aprendido para negociar el contrato.

INDICE DE FELICIDAD FAMILIAR

Utilización del tiempo libre

1. Ir a pasear conmigo.
2. Invitar a los amigos para que nos visiten o estar juntos.
3. Ver la televisión conmigo.
4. Caminar juntos.
5. Jugar una partida conmigo.
6. Planificar el tiempo libre.
7. Aprender o practicar deportes conmigo.
8. Relacionarse con amigos o parientes.
9. Trabajar menos horas extras.
10. Hacer algo con toda la familia.
11. Asistir a una reunión social conmigo.
12. Ir a la iglesia conmigo.
13. Pasar una noche fuera conmigo.
14. Escribir cartas a los amigos o parientes.
15. Darme tiempo para estar solo después del trabajo.
16. Darme tiempo para estar solo.
17. Salir a cenar conmigo.
18. Pasar un fin de semana conmigo fuera de casa.
19. Llamarme por teléfono si no estamos juntos.
20. Salir conmigo para divertirnos.
21. Permitirme estar con mis propios amigos solo.
22. Respetar mi tiempo para mis aficiones.

Coche y transportes

1. Lavar el coche.
2. Tener el coche siempre listo.
3. Recogerme con puntualidad.
4. Echar gasolina.
5. Darme dinero para transportes.
6. Dejarme usar el coche.

Sexo y afecto

1. Decirme que le gustó hacer el amor.
2. Iniciar intercambios sexuales.

3. Responder positivamente a mis acercamientos.
4. Realizar una conducta sexual que me gusta.
5. Abrazarme y besarme.
6. Hacer el amor conmigo.
7. Decirme que me quiere.
8. Sorprenderme con un regalo.
9. Darme un masaje.
10. Saludarme afectivamente.
11. Expresarme sentimientos y pensamientos.
12. Participar en un acto sexual especial.

Comidas y compras

1. Levantarse y hacerme el desayuno.
2. Ir a comprar conmigo.
3. Cocinar conmigo.
4. Preparar un plato interesante o favorito.
5. Tener la cena preparada a tiempo.

Hábitos personales y aceptación

1. Alabar mi apariencia física.
2. Fumar y beber menos.
3. Ir vestido de forma adecuada.
4. Cambiar de peinado.

Consideración y atenciones

1. Expresar aprobación por mis acciones.
2. Conversar conmigo.

3. Traerme algo de otra habitación.
4. Irse a la cama conmigo.
5. Cumplir una petición de una forma cariñosa.
6. Tolerar a mis amigos.
7. Interesarse por mis sentimientos.
8. Llamarme por teléfono para hablar conmigo.
9. Tolerar y olvidar mis errores.
10. Dejarme dormir hasta tarde.

Cuidado de los hijos

1. Educar a los hijos juntos.
2. Jugar con los niños.
3. Sacarles a pasear o hacer de niñera.
4. Preocuparse de las necesidades de los niños.

Administración del dinero

1. Planificar el presupuesto.
2. Responsabilizarse de la cuenta del banco y de los recibos.
3. Tener una tarjeta de crédito o una cuenta corriente.
4. Dejarme manejar dinero para un gasto especial.

Tareas domésticas

1. Hacer un recado.
2. Efectuar reparaciones caseras.
3. Limpiar la casa mejor.
4. Realizar tareas domésticas.

El «Indice de Felicidad Familiar» impreso en su cuaderno de trabajo está diseñado para darles ideas sobre los tipos de conductas a cambiar y refuerzos que usted puede querer pedir o dar a su cónyuge. No se limite a este índice, puede haber cosas que usted quiera y que no aparezcan en él.

Los pasos básicos que seguirá para desarrollar un contrato *provisional* entre ustedes son los siguientes:

1. Cada uno de ustedes elige una, dos o tres conductas del índice que piensan que le gustarían a su cónyuge y que estarían dispuestos a hacer por su pareja. Pregúntese a sí mismo: «¿Qué quiere él/ella que yo le puedo

ofrecer?». Escriba estos elementos en la columna de «Conductas a cambiar» de su contrato provisional, usando uno de los «Formularios de Contrato» que se encuentran en su cuaderno.

2. Cada uno de ustedes pide al otro *feedback* sobre lo agradable que sería para él/ella *si* realizase esas conductas.

3. Cada uno de ustedes elige una, dos o tres conductas del índice que le agradarían a usted mismo. Ponga estos elementos en la columna de «Refuerzos» del contrato provisional, utilizando el mismo «Formulario de Contrato».

Precaución: Asegúrese que ninguna de las conductas a cambiar de una persona sea a la vez el refuerzo de la otra.

4. Cada uno de ustedes, por turno, explica por qué piensa que los refuerzos que su cónyuge ha elegido le agradan a él/ella.

5. Cada uno de ustedes, por turno, explica la dificultad que le supondría llevar a cabo los elementos que ha escrito en la columna de «Conductas a cambiar» de su contrato *provisional*.

6. Cada uno de ustedes clasifica los elementos de su columna de «Refuerzos» según su grado de deseabilidad, y los elementos de la columna de «Conductas a cambiar» según el grado de dificultad. Pregúntese a sí mismo: «¿Qué refuerzo prefiero?» y «¿Qué conducta a cambiar será la más difícil de llevar a cabo?».

7. Cada uno de ustedes entonces negocia y especifica las dimensiones de *con qué frecuencia, cuánto, cuándo, dónde y con quién* para cada una de las conductas a cambiar y el refuerzo correspondiente de su contrato. Recuerde que comprometerse es esencial. Puede no conseguir *todo* lo que quiere, pero la mejoría llega en pequeños pasos.

El contrato final

8. Una vez que se han expresado y concordado claramente los términos del contrato, escríbalos en su contrato *definitivo*. Pregúntese: «¿Puedo comprometerme con el contrato?» Si cada una de sus respuestas es sí, firme el contrato y especifique el tiempo durante el que tendrá efecto antes de ser renegociado (una semana, dos semanas). Si alguna de sus respuestas es no a esta pregunta, comience de nuevo en el paso 7. Si la respuesta sigue siendo no, vuelva otra vez al paso 1.

Un paso muy importante es el control diario del cumplimiento con los términos del contrato. A menos que no perdamos de vista quién hace qué para quién, el contrato no tiene más valor que el papel sobre el que está escrito. En el cuaderno encontrará otro formulario en blanco llamado «Registro del cumplimiento del contrato». Escriba su contrato completo en esta hoja de registro y señale la realización de las conductas a cambiar y la utilización de refuerzos. Es una buena idea hacer una cruz para que cada esposo señale el cumplimiento de las conductas a cambiar del otro y su propia utilización del refuerzo correspondiente. Lleve esos registros a las sesiones de terapia ya que ellos ayudarán al terapeuta a evaluar sus progresos y hacer las revisiones necesarias en sus contratos.

FORMULARIO DEL CONTRATO

CONDUCTAS A CAMBIAR   PRIVILEGIOS

A cambio de *(lo que sigue)*, yo, _____, disfrutaré de *(lo que sigue)*

1. _____   1. _____

   _____   _____

2. _____   2. _____

   _____   _____

3. _____   3. _____

   _____   _____

Contratante _____

Cónyuge contrayente _____

Testigo _____

Fecha _____

REGLAS GENERALES

1. Ningún refuerzo puede utilizarse hasta que no se haya llevado a cabo la correspondiente conducta a cambiar ¡No haga trampas! Primero realice la conducta, y después disfrute de su refuerzo.

2. Todas las cláusulas han sido libre y mutuamente acordadas, los cambios sólo se pueden hacer después de una renegociación en presencia del terapeuta o consejero.

3. La reciprocidad requiere dar algo para recibir algo

REGISTRO DEL CUMPLIMIENTO DEL CONTRATO

Nombre _____   Semana en curso _____

CONDUCTAS A CAMBIAR (el cónyuge señala cuando
se cumplen)   DIA

1. _____

2. _____

3. _____

REFUERZOS (yo señalo cuando los utilizo)

1. _____

2. _____

3. _____

Lleve este formulario a su terapeuta o consejero matrimonial en la próxima sesión de terapia.

REGISTRO DE ASIGNACION DE TAREAS

Instrucciones: Su terapeuta le irá dando frecuentes asignaciones para llevar a cabo en casa. La mayoría de ellas incluirán la práctica de nuevas habilidades. Para ayudarle a recordar y tener presentes sus tareas anótelas en estas hojas de su cuaderno antes de terminar la sesión de terapia o counseling.

Nombre: _____

Día dada	Día hecha	Asignación (ser específico)	Señale si la ha cumplido
		MARIDO	
		ESPOSA	
		AMBOS	
		MARIDO	
		ESPOSA	
		AMBOS	
		MARIDO	
		ESPOSA	
		AMBOS	
		MARIDO	
		ESPOSA	
		AMBOS	

DEFINICIONES DE TERMINOS USADOS EN TERAPIA DE PAREJA

TERMINO	DEFINICION

Cálidas Pelusas

Un acto o palabra agradable dada por un cónyuge al otro. Hacer o decir algo que gratifica a su cónyuge y le hace sentir bien, cálido y suave. También llamado un *refuerzo*. Se da cuando usted pilla a su pareja haciendo algo agradable.

Confesar

Expresar sus sentimientos a su pareja. Decir «Cuando no me hiciste caso en la fiesta, me sentí dolido y enojado» es un ejemplo de confesar, mientras que «Realmente fuiste un inconsiderado egoísta en la fiesta» es un ejemplo de acusación. La comunicación efectiva para la solución de problemas requiere que los esposos se confiesen sus sentimientos. Es útil expresar de forma concreta a su pareja qué es lo que realmente *hizo o dijo,* que hizo que usted es sintiera tal como le ha confesado. Usted puede confesar tanto los sentimientos positivos como los negativos.

Contrato

Un acuerdo para hacer algo a cambio de otra cosa; por ejemplo un marido' puede contratar llegar a casa del trabajo alrededor de las 6 de la tarde, y si lo hace, su mujer puede estar de acuerdo en recibirle con un abrazo y permitirle tener cinco minutos de paz y tranquilidad.

Dar placer

Expresar afecto físico sin que necesariamente conduzca a un intercambio sexual. Dar caricias y tocarse uno a otro para darse placer debe acompañarse de feedback por parte del que recibe el placer. Normalmente, cada esposo toma un turno de 5 a 10 minutos dando caricias a su pareja. El compañero que recibe el placer no debe acariciar al otro al mismo tiempo, ya que esto interfiere con el mero e importante goce pasivo del placer.

Feedback

Devolver a su pareja de forma positiva o con una crítica constructiva lo que dice o hace, que a usted le agrada o desagrada. La respuesta de feedback deberá darse verbalmente, de una forma clara y directa, y confesando la persona que da el feedback sus sentimientos. El feedback debe darse de *forma inmediata* en el momento en el que su cónyuge realmente está haciendo o diciendo algo que a usted le agrada o desagrada. Dar feedback positivo con sonrisas y cumplidos conducirá al incremento de las conductas placenteras de su cónyuge. Dar feedback sobre algo negativo de una forma constructiva (sin ser acusatorio o insultar), junto con una sugerencia para una conducta alternativa gratificante, disminuirá la frecuencia de recibir acciones displacenteras de su cónyuge.

GRATIFICACIONES

Una conducta o acción o manifestación que se ve como deseable, buena, o placentera por su pareja. Sus GRATIFICACIONES frecuentemente se ven por los otros como sus puntos buenos o fuertes. A las GRATIFICACIO-NES también se les llama *caricias, lo positivo, Cálidas Pelusas, o refuerzos*. Ambos esposos deberán esforzarse por aumentar el dar GRATIFICACIONES en su vida diaria.

Invitación de una noche loca

Sorprender a tu esposo con un inesperado placer, tal como una noche especial fuera, una noche en un motel, preparar un plato o postre favorito, u ofrecer a su esposo una experiencia sexual no planeada. Una invitación de una noche loca generalmente es algo que no ocurre muy a menudo.

Meter en el saco

Almacenar muchas quejas y fastidios durante un período de tiempo y guardarlos para usarlos más tarde contra su pareja. Acumular enojos y rencores dejando que se caldeen los malos sentimientos en lugar de expresarlos de una forma directa y sincera cuando tienen lugar en realidad producto úlceras, jaquecas, tensión y, finalmente explosiones de hostilidad inapropiada.

Negativos

Una palabra, expresión, acción o conducta no gratifican-te. Los negativos normalmente hieren, molestan, irritan y enojan a su pareja. Generalmente producen separación e interfieren con la solución de los problemas familiares. Más que usar negativos para expresar sus sentimientos, es mucho mejor sugerir a su pareja cómo puede cambiar, de una forma positiva y constructiva.

Pille a su pareja haciendo algo agradable

Este es un juego útil para jugar entre ustedes. La idea es observar a su pareja cuidadosamente y reconocer clara-mente cuándo usted «le pilla» diciendo o haciendo algo que a usted le hace sentirse bien. Esto es lo contrario de no tener en cuenta los puntos buenos del otro. Requiere un conocimiento de su pareja y una *inmediata* entrega de *feedback* positivo.

Sesión ejecutiva

Tener una conversación con su cónyuge en un momento y lugar designados normalmente; se hace cuando no existen distracciones de niños, cena o televisión. Es mejor reservar por adelantado un lugar y un tiempo definidos. Las sesiones ejecutivas se pueden usar para expresar sus sentimientos a su pareja de una forma directa, para pedir un cambio en la conducta de su esposo, para dar Cálidas Pelusas, para discutir problemas familiares y sus soluciones (por ejemplo, elaborar una reacción común y consistente para educar las conductas de sus hijos), o simplemente para describir sus actividades del día. Una sesión ejecutiva se ha llamado a veces una *sesión de consejo o una reunión familiar*. En una sesión ejecutiva, es vital que cada esposo confiese sus sentimientos positivos o negativos y evite ser acusatorio. Cualquiera de los dos esposos puede iniciar una sesión ejecutiva, pero la sesión siempre tendrá lugar en el momento y lugar especificados como por decreto. Se puede facilitar la solución del problema durante una sesión ejecutiva si cada uno de los esposos toma el turno durante uno a tres minutos para expresar al otro sus sentimientos y punto de vista de una forma directa. El esposo que escucha no deberá tomar su turno de una forma clara y exacta. Cada esposo toma turno confesando sus sentimientos y deseos y debe estar satisfecho de que el mensaje ha sido escuchado claramente antes de que el próximo emisor tome su turno.

Símbolo entrañable

Actividades, acontecimientos, lugares o cosas que conllevan un significado especial para los dos miembros de la pareja. Estos generalmente son experimentados o hechos de forma regular (una vez al día o una vez al año) y traen a la mente memorias cálidas y positivas de amor mutuo, romance y afecto. Una canción especial, un lugar especial, fotografías o diapositivas, o una actividad favorita pueden ser imporantes símbolos entrañables de una unión matrimonial.

Tiempo fuera

Cuando uno o ambos esposos dejan temporalmente la compañía o la presencia del otro debido a malos sentimientos o conducta no deseable del otro, o a una interacción que va aumentando negativamente. Haciendo un breve (10-60 minutos) tiempo fuera o time-out se relajará una situación emocional y negativa. La persona que hace el tiempo fuera simplemente le dice a su compañero dónde se va a ir y cuándo va a regresar.

TEST DE AJUSTE MARITAL

Evaluación postratamiento

Nombre _____   Fecha _____

Instrucciones: Este cuestionario está diseñado para ayudarle a usted y a su terapeuta o consejero a determinar el nivel y fuentes de satisfacción o insatisfacción de su matrimonio. Lo contestará al principio de la terapia y, otra vez, al final. Los cambios, que prometen ser de naturaleza positiva, reflejarán la efectividad del programa de tratamiento, y sus esfuerzos y los de su cónyuge. Es esencial que conteste a los elementos del test con sinceridad; no se hace ningún favor haciendo que su matrimonio sea visto mejor o peor de lo que usted verdaderamente cree que es. Por supuesto, sus actitudes y sentimientos sobre su matrimonio cambian de día en día y de semana en semana. Por eso, conteste teniendo en cuenta sus sentimientos generales *acumulados durante el mes pasado.*

1. Señale el punto de la escala siguiente que mejor describe el grado de felicidad, considerando todas las circunstancias, de su actual matrimonio. El punto medio «Feliz», representa el grado de felicidad que alcanzan la mayoría de las personas en su matrimonio, y la escala se extiende gradualmente hacia el lado izquierdo para aquellas muy infelices en el matrimonio, y hacia el lado derecho para aquellas que experimentan una extrema alegría en el matrimonio.

Muy infeliz   Feliz   Completamente feliz

Consigne el grado aproximado de acuerdo o desacuerdo entre usted y su pareja en las siguientes situaciones. Por favor, señale la columna apropiada.

	Siempre de acuerdo	Casi siempre de acuerdo	Ocasionalmente en desacuerdo	Frecuentemente en desacuerdo	Casi siempre en desacuerdo	Siempre en desacuerdo
2. Administración de la economía familiar						
3. Temas de recreo						
4. Demostraciones de afecto						
5. Amigos						
6. Relaciones sexuales						
7. Convencionalismos (conducta correcta, buena o apropiada)						
8. Filosofía de la vida						
9. Modo de tratar a la familia política						

10. Cuando surgen desacuerdos, normalmente se resuelven:
    a. Cediendo el marido. _____
    b. Cediendo la esposa. _____
    c. Negociando de mutuo acuerdo. _____
11. ¿Cuántas actividades exteriores realizan en común usted y su pareja?
    a. Todas ellas. _____
    b. Algunas de ellas. _____
    c. Muy pocas de ellas. _____
    d. Ninguna de ellas. _____
12. En el tiempo libre, usted generalmente prefiere:
    a. Salir. _____
    b. Quedarse en casa.
    Su pareja generalmente prefiere:
    a. Salir. _____
    b. Quedarse en casa. _____
13. ¿Alguna vez ha deseado no haberse casado?
    a. Frecuentemente. _____
    b. De vez en cuando. _____
    c. Raramente. _____
    d. Nunca. _____

14. Si pudiera volver a vivir su vida, piensa que:
    a. Se casaría con la misma persona. _____
    b. Se casaría con una persona diferente. _____
    c. No se casaría nunca. _____
15. ¿Confía en su pareja?
    a. Casi nunca. _____
    b. Raramente. _____
    c. En muchas cosas. _____
    d. En todo. _____

CUESTIONARIO DE SATISFACCION DEL CLIENTE

Sus respuestas a estas preguntas darán información útil a su terapeuta sobre cómo se puede mantener efectiva y mejorar la terapia de pareja. Es importante para usted que conteste sinceramente y de forma propia. Por favor señale adecuadamente la columna que mejor representa sus sentimientos.

1. ¿Después de acabar la terapia de pareja, cómo valoraría sus nuevas habilidades para enfrentarse al conflicto matrimonial y resolver los problemas familiares?
   a. Excelentes.
   b. Buenas.
   c. Regulares.
   d. Un poco mejor.
   e. Sin cambios.
   f. Peor

2. Por favor, indique su satisfacción con la terapia de su pareja.
   a. Superior a mis más altas expectativas.
   b. Muy satisfecho.
   c. Moderadamente satisfecho.
   d. Algo satisfecho.
   e. Algo insatisfecho.
   f. Muy insatisfecho.

3. ¿Cree usted que la terapia vale el tiempo, esfuerzo y dinero que ha invertido?
   a. Ha valido mucho la pena.
   b. Ha valido la pena moderadamente.
   c. Ha valido la pena.
   d. A veces ha valido le pena.
   e. A menudo no ha valido la pena.
   f. Definitivamente no ha valido la pena.

4. ¿Recomendaría este tipo de terapia de pareja a sus amigos y parientes?
   a. La recomendaría muy fuertemente.
   b. La recomendaría bien.
   c. La recomendaría moderadamente.

d. La recomendaría con reservas.
e. No la recomendaría.
f. Recomendaría una en contra.

5. ¿Qué es lo que más le ha gustado del/los terapeuta/s?

_____

_____

_____

6. ¿Qué le gustaría que el/los terapeuta/s mejorase/n o cambiase/n?

_____

_____

_____

7. ¿Qué métodos encuentra que ayudan más o son más útiles?

_____

_____

_____

8. ¿Qué métodos quitaría o cambiaría?

_____

_____

_____

9. ¿En cuál de sus problemas no le ayudaron?

_____

_____

_____

10. ¿Alguna otra sugerencia o comentario?

_____

_____

_____

PILLE A SU PAREJA HACIENDO O DICIENDO ALGO AGRADABLE

Nombre _____

Nombre de la pareja _____

Día	Fecha	Conducta placentera
Lunes		
Martes		
Miércoles		
Jueves		
Viernes		
Sábado		
Domingo		

PILLE A SU PAREJA HACIENDO O DICIENDO ALGO AGRADABLE

Nombre _____

Nombre de la pareja _____

Día	Fecha	Conducta placentera
Lunes		
Martes		
Miércoles		
Jueves		
Viernes		
Sábado		
Domingo		

PILLE A SU PAREJA HACIENDO O DICIENDO ALGO AGRADABLE

Nombre _____

Nombre de la pareja _____

Día	Fecha	Conducta placentera
Lunes		
Martes		
Miércoles		
Jueves		
Viernes		
Sábado		
Domingo		

PILLE A SU PAREJA HACIENDO O DICIENDO ALGO AGRADABLE

Nombre _____

Nombre de la pareja _____

Día	Fecha	Conducta placentera
Lunes		
Martes		
Miércoles		
Jueves		
Viernes		
Sábado		
Domingo		

FORMULARIO DEL CONTRATO

CONDUCTAS A CAMBIAR	PRIVILEGIOS
A cambio de *(lo que sigue)*, yo, _____	, disfrutaré de *(lo que sigue)*
1. _____	1. _____
_____	_____
2. _____	2. _____
_____	_____
3. _____	3. _____
_____	_____

Contratante _____

Cónyuge contrayente _____

Testigo _____

Fecha _____

REGLAS GENERALES

1. Ningún refuerzo puede utilizarse hasta que no se haya llevado a cabo la correspondiente conducta a cambiar. ¡No haga trampas! Primero realice la conducta, y después disfrute de su refuerzo.

2. Todas las cláusulas han sido libre y mutuamente acordadas, los cambios sólo se pueden hacer después de una renegociación en presencia del terapeuta o consejero.

3. La reciprocidad requiere dar algo para recibir algo.

FORMULARIO DEL CONTRATO

CONDUCTAS A CAMBIAR   PRIVILEGIOS

A cambio de *(lo que sigue)*, yo. _____ , disfrutaré de *(lo que sigue)*

1. _____   1 _____

_____   _____

2. _____   2. _____

_____   _____

3. _____   3. _____

_____   _____

Contratante _____

Cónyuge contrayente _____

Testigo _____

Fecha _____

REGLAS GENERALES

1 Ningún refuerzo puede utilizarse hasta que no se haya llevado a cabo la correspondiente conducta a cambiar ¡No haga trampas! Primero realice la conducta, y despues disfrute de su refuerzo

2 Todas las cláusulas han sido libre y mutuamente acordadas, los cambios sólo se pueden hacer después de una renegociación en presencia del terapeuta o consejero

3 La reciprocidad requiere dar algo para recibir algo

REGISTRO DEL CUMPLIMIENTO DEL CONTRATO

Nombre _____   Semana en curso _____

CONDUCTAS A CAMBIAR (el cónyuge señala cuando
se cumplen)   DIA

1. _____

2. _____

3. _____

REFUERZOS (yo señalo cuando los utilizo)

1. _____

2. _____

3. _____

Lleve este formulario a su terapeuta o consejero matrimonial en la próxima sesión de terapia.

REGISTRO DEL CUMPLIMIENTO DEL CONTRATO

Nombre _____   Semana en curso _____

CONDUCTAS A CAMBIAR (el cónyuge señala cuando
se cumplen)   DIA

1. _____

2. _____

3. _____

REFUERZOS (yo señalo cuando los utilizo)

1. _____

2. _____

3. _____

Lleve este formulario a su terapeuta o consejero matrimonial en la próxima sesión de terapia.

REGISTRO DE ASIGNACION DE TAREAS

Instrucciones: Su terapeuta le irá dando frecuentes asignaciones para llevar a cabo en casa. La mayoría de ellas incluirán la práctica de nuevas habilidades. Para ayudarle a recordar y tener presentes sus tareas anótelas en estas hojas de su cuaderno antes de terminar la sesión de terapia o counseling.

Nombre: _____

Día dada	Día hecha	Asignación (ser específico)	Señale si la ha cumplido
		MARIDO	
		ESPOSA	
		AMBOS	
		MARIDO	
		ESPOSA	
		AMBOS	
		MARIDO	
		ESPOSA	
		AMBOS	
		MARIDO	
		ESPOSA	
		AMBOS	

REGISTRO DE ASIGNACION DE TAREAS

Instrucciones: Su terapeuta le irá dando frecuentes asignaciones para llevar a cabo en casa. La mayoría de ellas incluirán la práctica de nuevas habilidades. Para ayudarle a recordar y tener presentes sus tareas anótelas en estas hojas de su cuaderno antes de terminar la sesión de terapia o counseling.

Nombre: _____

Día dada	Día hecha	Asignación (ser específico)	Señale si la ha cumplido
		MARIDO	
		ESPOSA	
		AMBOS	
		MARIDO	
		ESPOSA	
		AMBOS	
		MARIDO	
		ESPOSA	
		AMBOS	
		MARIDO	
		ESPOSA	
		AMBOS	

REGISTRO DE ASIGNACION DE TAREAS

Instrucciones: Su terapeuta le irá dando frecuentes asignaciones para llevar a cabo en casa. La mayoría de ellas incluirán la práctica de nuevas habilidades. Para ayudarle a recordar y tener presentes sus tareas anótelas en estas hojas de su cuaderno antes de terminar la sesión de terapia o counseling.

Nombre: _____

Día dada	Día hecha	Asignación (ser específico)	Señale si la ha cumplido
		MARIDO	
		ESPOSA	
		AMBOS	
		MARIDO	
		ESPOSA	
		AMBOS	
		MARIDO	
		ESPOSA	
		AMBOS	
		MARIDO	
		ESPOSA	
		AMBOS	

28859525R00033

Made in the USA
Lexington, KY
04 January 2014